AF356696

CATALOGUE

DE

TABLEAUX

PAR

E. FICHEL

DONT LA VENTE AURA LIEU

HOTEL DROUOT, SALLE N° 5

A 3 HEURES 1/2 PRÉCISES

Par le ministère de M° LÉON TUAL, commissaire-priseur

39, rue de la Victoire, 39.

Assisté de M. BERNHEIM Jeune, expert

8, rue Laffitte, 8.

EXPOSITIONS

PARTICULIÈRE	PUBLIQUE
Le Samedi 11 Avril 1885	Le Dimanche 12 Avril 1885

DE 1 HEURE A 5 HEURES

Ce Catalogue se distribue à Paris :

Chez Me **LÉON TUAL**, commissaire - priseur,

39, rue de la Victoire, 39

Chez **M. BERNHEIM jeune**, expert,

8, rue Laffitte, 8.

CONDITIONS DE LA VENTE

Elle sera faite au comptant.

Les adjudicataires payeront *cinq pour cent* en sus des enchères.

Paris. — Imp. de l'Art. E. Ménard et J. Augry
41, rue de la Victoire, 41

DÉSIGNATION

TABLEAUX

1 — *La Partie du Prince.*

Bois. Haut., 61 cent.; larg., 5o cent.

2 — *Le Quintette.*

Bois. Haut., 46 cent.; larg., 53 cent.

3 — *Le Mendiant.*

Bois. Haut., 48 cent.; larg., 55 cent.

4 — *Avant la recette.*

Salon de 1884.

Bois. Haut., 40 cent.; larg., 34 cent.

5 — *Après la recette.*

Salon de 1884.

Bois. Haut., 40 cent.; larg., 34 cent.

6 — *Le Nouveau Clerc.*

Bois. Haut., 22 cent.; larg., 16 cent.

7 — *Amateurs de gravures.*

Bois. Haut., 22 cent.; larg., 16 cent.

8 — *Le Toast.*

Bois. Haut., 24 cent.; larg , 33 cent.

9 — *Amateurs de tableaux.*

Bois. Haut., 22 cent.; larg., 27 cent.

10 — *Le Café*.

Bois. Haut., 22 cent.; larg., 16 cent.

11 — *Amateurs chez un peintre.*

Bois. Haut., 33 cent.; larg., 41 cent.

12 — *Joueurs de cartes.*

Bois. Haut., 27 cent.; larg., 22 cent.

13 — *Joueurs d'échecs.*

Bois. Haut., 22 cent.; larg., 16 cent.

14 — *Le Récit.*

Bois. Haut., 22 cent.; larg., 27 cent.

15 — *Une Lecture.*

Bois. Haut., 27 cent.; larg., 22 cent.

16 — *Joueurs de trictrac.*

Bois. Haut., 24 cent.; larg., 33 cent.

17 — *Un Poète.*

Bois. Haut., 24 cent.; larg., 33 cent.

18 — *Un Virtuose.*

Bois. Haut., 24 cent.; larg., 33 cent.

19 — *Le Menu.*

Bois. Haut., 22 cent.; larg., 16 cent.

20 — *Fumeurs.*

Bois. Haut., 22 cent.; larg., 16 cent.

21 — *Le Coup de l'étrier.*

Bois. Haut., 38 cent.; larg., 55 cent.

22 — *La Lecture de la Gazette.*

Bois. Haut., 32 cent.; larg., 46 cent.

23 — *Le Billet de logement.*

Bois. Haut., 33 cent.; larg., 41 cent.

www.ingramcontent.com/pod-product-compliance
Lightning Source LLC
LaVergne TN
LVHW010906180726
843502LV00010B/3984